Dear Reader,

We're excited to introduce you t[...] [...]nals, part of our Beginnings collection.

Scientific curiosity begins in childhood. Exposure to animals and their environments—whether in nature or in a book—is often at the root of a child's interest in science. Young Jane Goodall loved to observe the wildlife near her home, a passion that inspired her groundbreaking chimpanzee research. Charles Turner, pioneering entomologist, spent hours reading about ants and other insects in the pages of his father's books. Marine biologist, author, and conservationist Rachel Carson began writing stories about squirrels when she was eight. Spark curiosity in a child and watch them develop a lifelong enthusiasm for learning.

These beautifully illustrated, information-packed titles introduce youngsters to the fascinating world of animals, and, by extension, to themselves. They encourage children to make real-world connections that sharpen their analytical skills and give them a head start in STEM (science, technology, engineering, and math). Reading these titles together inspires children to think about how each species matures, what they need to survive, and what their communities look like—whether pride, flock, or family.

More than a simple scientific introduction, these animal stories illustrate and explore caring love across the mammal class. Showing children this type of attachment in the natural world fosters empathy, kindness, and compassion in both their interpersonal and interspecies interactions.

An easy choice for the home, library, or classroom, our Beginnings collection has something to spark or sustain budding curiosity in every child.

Enjoy!

Dia

Dia L. Michels
Publisher, Platypus Media

P.S. Our supplemental learning materials enable adults to support young readers in their quest for knowledge. Check them out, free of charge, at PlatypusMedia.com.

Babies Nurse
Así se alimentan los bebés

By Phoebe Fox

Illustrations by Jim Fox

Line drawings by Wesley Davies

Platypus Media, LLC
Washington, D.C.

Filly nurses
in fresh air,
drinking milk
from mama mare.

La potrilla,
al aire libre disfrutando,
de leche materna
se está alimentando.

Tigers nurse
for all they need,
nosing mama
while they feed.

Con su hocico
a su mamá palpando
los tigrillos
se están alimentando.

Monkey nurses
on a limb,
mother's arms
protecting him.

*Con los brazos
de su madre protegiéndolo,
en una rama
el monito está comiendo.*

Seal pup nurses
on the beach,
mama stays
within her reach.

*La foca en la playa
está vigilando,
mientras que su cría
se está alimentando.*

Zebra nurses
in soft light,
under stripes
of black and white.

A la sombra de rayas
de dos colores
se alimenta la cebra
de mis amores.

Puppies nurse,
a golden heap,
snuggled up,
they fall asleep.

*Cachorros en montón
alimentados,
a su mamá
se duermen arrimados.*

Panda nurses
on the ground,
mother's warmth
and love abound.

La mamá panda,
llena de ternura,
a su cría alimenta
con mucha dulzura.

Bat pup nurses
at first light,
latched to mama,
holding tight.

*Asido a su madre,
al rayar el día,
el bebé murciélago
quiere su comida.*

Polar cubs nurse
in the snow,
mother's milk
will help them grow.

Junto a mamá osa,
muy pegaditos,
en la fría nieve,
comen los ositos.

Kittens nurse
and gently purr,
nestled in
their mama's fur.

*Los gatitos comen,
suavemente ronroneando,
mientras mamá gata
los está abrigando.*

Deer fawn nurses,
unafraid,
mother's watchful
in the glade.

El cervatillo
sin miedo se alimenta,
mientras que su madre
se mantiene alerta.

Dolphin nurses
in the sea,
guarded by
her family.

*El delfín se alimenta
en el mar,
junto a su familia
que lo va a cuidar.*

Baby nurses
heart-to-heart,
mother's gift,
a natural art.

Contra su pecho,
corazón a corazón,
mi madre me alimenta
con adoración.

Babies Nurse • Así se alimentan los bebés [stroller-bag edition]
Paperback ISBN 13: 978-1-951995-08-9 | September 2021
Part of the Platypus Media collection, Beginnings
Beginnings logo by Hannah Thelen, © 2018 Platypus Media

Written by Phoebe Fox
Watercolor Illustrations by Jim Fox
Line Drawings by Wesley Davies
Text and Watercolor Illustrations © 2018 Phoebe Fox
Line Drawings © 2018 Platypus Media, LLC

Project Manager: Ellen E. M. Roberts, Where Books Begin, Bethlehem, PA
Senior Editor: Anna Cohen, Washington, D.C.
Research Director: Don E. Wilson, Ph.D., Curator Emeritus,
      Smithsonian National Museum of Natural History, Washington, D.C.
Animal Research: Anna Cohen and Dia L. Michels, Washington, D.C.
Cover and Book Design: Hannah Thelen, Platypus Media, Silver Spring, MD
      Holly Harper, Blue Bike Communications, Washington, D.C.
Poetry Transadapted by: Zahydée Gonzalez, Victory Productions, Worcester, MA
Back Matter Translated by: The Spanish Group, LLC, Irvine, CA
Spanish Language Consultants: Edgardo Moctezuma, Latin American Book Source, Inc., Chula Vista, CA
      Sandra Gonzalez, Skillful and Soulful, Los Angeles, CA
      Darwin Castillo, Washington, D.C.
Basketball photograph on page 32, used with permission, Phoenix Suns

Originally published in a larger 8.5 x 11" size | June 2018
      Hardback ISBN 13: 978-1-930775-73-2
      Paperback ISBN 13: 978-1-930775-72-5
      eBook ISBN 13: 978-1-930775-40-4

Teacher's Guide available, in English and Spanish, at the Educational Resources page of PlatypusMedia.com

Published by:
      Platypus Media, LLC
      725 8th Street, SE
      Washington, D.C. 20003
      202-546-1674 • Fax: 202-558-2132
      Info@PlatypusMedia.com • www.PlatypusMedia.com

Distributed to the trade by:
      National Book Network (North America)
         301-459-3366 • Toll-free: 800-462-6420
      CustomerCare@NBNbooks.com • NBNbooks.com
      NBN international (worldwide)
      NBNi.Cservs@IngramContent.com • Distribution.NBNi.co.uk

Library of Congress Control Number: 2021939876

10 9 8 7 6 5 4 3 2 1

For my mother and my three nurslings –PF
For Aidan, Jamison, Caleb, Josie, and Asher –JF

A mi madre y mis tres lactantes –PF
Para Aidan, Jamison, Caleb, Josie y Asher –JF

A cherished photo of the author's mother nursing her
at St. Joseph's Hospital in Phoenix shortly after her birth.

Una atesorada fotografía de la madre de autora, en la que la está amamantando
en hospital de St. Joseph en Phoenix, poco después de su nacimiento.

Answers to breastfeeding questions and breastfeeding support
can be found by visiting the following websites:

Breastfeeding USA
www.breastfeedingusa.org

The World Health Organization
www.who.int/topics/breastfeeding

International Lactation Consultant Association
www.ilca.org

The Lactation Institute
www.lactationinstitute.org

La Leche League International
www.llli.org

A portion of all sales of this book will be donated to La Leche League International.

Did You Know? ¿Sabías?

HORSE BABIES: FOALS

- Horses are *follow mammals*, meaning the young walk soon after birth and follow mom wherever she goes, feeding when they can.

- Foals nurse for three to four months before switching to solid food. Adult horses eat about 16 pounds of hay each day.

- Horses use their mouths only for eating. They breathe through their nostrils, not their mouth. Horses can't vomit or burp.

- Horses gallop at about 27 miles per hour (44 kph). When galloping, all four legs come off the ground at the same time.

TIGER BABIES: CUBS

- Tiger moms usually have three to four cubs in a litter. Cubs drink only mother's milk for their first six to eight weeks and then begin to eat solid food. After six months they learn how to hunt by following mom.

- Tigers are the largest members of the cat family. Unlike their smaller cousins, tigers cannot purr. Instead, big cats roar. No cat can do both.

- All tigers have a unique stripe pattern that helps others identify them. These stripes aren't just on their fur—their skin is striped, too.

- Tigers are excellent climbers, but their long, curved claws can't support their weight on their way down, forcing them to crawl backwards or jump.

CABALLOS BEBÉ: POTRILLOS

- *Los caballos son mamíferos que poco después de nacer caminan y siguen a su mamá donde quiera que ella va "follow mammals", alimentándose cuando pueden.*

- *Los potrillos se amamantan durante 3 a 4 meses antes de pasar a la comida sólida. Los caballos adultos comen alrededor de 16 libras de heno por día.*

- *Los caballos usan la boca solo para comer. Respiran por la nariz, no por la boca, y no pueden vomitar ni eructar.*

- *Los caballos galopan a unas 27 millas por hora (44 km/h). Al galopar, ¡levantan las cuatro patas del suelo al mismo tiempo!*

TIGRES BEBÉ: CACHORROS

- *La mamá tigre usualmente tiene de 3 a 4 cachorros en una camada. Los cachorros beben solo leche materna durante las primeras 6 a 8 semanas y luego empiezan a comer comida sólida. Después de seis meses aprenden a cazar siguiendo a la mamá.*

- *Los tigres son los miembros más grandes de la familia de los gatos. A diferencia de sus primos más pequeños, los tigres no ronronean. En cambio, los grandes gatos rugen. Ningún gato puede hacer ambas cosas.*

- *Todos los tigres tienen un patrón de rayas exclusivo que ayuda a los demás a identificarlos. Estás rayas no están solo en el pelaje, sino también es rayada la piel.*

- *Los tigres son excelentes escaladores, pero sus largas garras son tan curvosas que no pueden sostener su propio peso al bajar y, para hacerlo, deben gatear hacia atrás o saltar.*

MONKEY BABIES: INFANTS

- There are over 250 species of monkeys. They live on every continent except Australia and Antarctica. Different species vary in size, diet, and habits.

- The smallest monkey is the pygmy marmoset, which is only 5 inches (12 cm), about the size of a can of soda. The largest is the mandrill, which can grow to over 3 feet (1 meter).

- Monkeys are very social. They hold hands and groom one another, which helps build relationships and reinforce social structures in their community, or "troop."

- "New World" monkeys, who live mostly in trees, have *prehensile* tails which they can use to hold and grasp objects like a third hand.

SEAL BABIES: PUPS

- Seals are semi-aquatic marine mammals, meaning they spend most of their life in water, coming ashore to mate, give birth, breastfeed, molt, and escape predators.

- Pups wean abruptly when their mother returns to the water, leaving them on land to fend for themselves.

- Seals can hold their breath longer than any other mammal. They can even sleep underwater. They do this by resting half their brain at a time.

- The Caspian seal is the smallest species, about the size of an adult human—110 to 190 pounds (86 kg). The Elephant seal, the world's largest, can weigh up to 8,800 pounds (3,991 kg).

MONOS BEBÉ: CRÍAS

- Hay más de 250 especies de monos. Viven en todos los continentes, con excepción de Australia y la Antártida. Las especies varían entre sí en tamaño, dieta y hábitos.

- El mono más pequeño es el tití pigmeo, que mide solo 5 pulgadas (12 cm), más o menos el tamaño de una lata de gaseosa. El más grande es el mandril, que puede crecer hasta más de 3 pies (1 metro).

- Los monos son muy sociables. Se toman de la mano y se acicalan unos a otros, lo que los ayuda a crear relaciones y reforzar las estructuras sociales de la comunidad, o "tropa".

- Los monos del "Nuevo Mundo" viven mayormente en árboles y tienen cola prensil, la cual usan para tomar y sujetar objetos como si fuera una tercera mano.

FOCAS BEBÉ: CACHORROS

- Las focas son mamíferos marinos semiacuáticos, lo que significa que pasan la mayor parte de su vida en el agua y salen a tierra para aparearse, dar a luz, amamantar, mudar la piel y escaparse de los depredadores.

- Los cachorros se destetan repentinamente cuando su madre regresa al agua y los deja en tierra para que se defiendan por sí solos.

- Las focas pueden mantener la respiración por más tiempo que cualquier otro mamífero, ¡hasta cuando duermen bajo el agua! Lo hacen poniendo en reposo la mitad de su cerebro a la vez.

- La foca del Caspio es la especie más pequeña, aproximadamente del tamaño de un humano adulto, y pesa de 110 a 190 libras (86 kg). El elefante marino, la foca más grande del mundo, ¡puede llegar a pesar hasta 8,800 libras (3,991 kg)!

ZEBRA BABIES: FOALS

- Zebras live in herds for companionship and protection, but a mare will separate from the herd so she can be alone to give birth to her foal.

- Zebras are born with their unique stripe pattern, but at birth their stripes are brown instead of black.

- Within the first hour of life, zebra foals are able to stand up, walk, and even run.

- Foals recognize their mother by her distinctive scent, call, and the striped pattern on her rump and tail.

CEBRAS BEBÉ: POTRILLOS

- *Las cebras viven en manadas para acompañarse y protegerse, pero la yegua se separa de la manada para dar a luz a solas a su potrillo.*

- *Las cebras nacen con un patrón de rayas único. Al principio, las rayas son de color marrón, pero luego se vuelven negras.*

- *En la primera hora de vida, ¡el potrillo puede pararse solo, caminar y hasta correr!*

- *Los potrillos reconocen a su madre por su olor distintivo, su llamado y su patrón de rayas en las ancas y la cola.*

DOG BABIES: WHELPS/PUPPIES

- Dogs generally begin labor before dawn, but can take up to 20 hours to birth the entire litter. As labor continues, the firstborns begin to nurse.

- An average litter consists of five to six whelps, though this number varies widely by breed. Weaning occurs naturally around seven weeks of age.

- Humans rely primarily on their vision, but dogs rely on their sense of smell—and wet noses are better at smelling than dry ones.

- Humans keep dogs for companionship, but many dogs also work. Dogs herd farm animals, assist police, help the blind, and more.

PERROS BEBÉ: CACHORROS

- *Generalmente, las perras empiezan a dar a luz antes del amanecer, y pueden pasar hasta 20 horas para que nazca la camada entera. Mientras siguen dando a luz, los cachorros que nacieron primero empiezan a amamantarse.*

- *Una camada promedio consiste en cinco o seis cachorros, aunque esta cantidad varía ampliamente según la raza. El destete ocurre de manera natural alrededor de las 7 semanas de edad.*

- *Los humanos dependen, sobre todo, de la visión, pero los perros dependen del sentido del olfato; y las narices húmedas son mejores para oler que las narices secas.*

- *Los humanos tienen perros como compañía, aunque muchos perros también trabajan: arrean animales en las granjas, asisten a la policía, ayudan a los ciegos a desplazarse y mucho más.*

PANDA BEAR BABIES: CUBS

- Panda cubs are among the smallest baby mammals—newborns are only about the size of a stick of butter. It takes two years to grow to an adult weight of 330 lbs (150 kg).

- Like human toddlers learning to walk, panda cubs are very clumsy. A cub will trip, roll, fall, and stumble as it explores its environment.

- Panda cubs start eating bamboo at around six months old, but mother's milk remains the main source of nutrition for the first year of life.

- It takes a panda only about 40 seconds to peel and eat a shoot of bamboo. Their throats have a protective lining that protects them from splinters.

BAT BABIES: PUPS

- Some bat species fight gravity and give birth upside-down. Others hang right-side-up to give birth, catching the pup in her tail membrane, the layer of thin skin between her legs.

- Pups feed from nipples located under their mother's wing. Some bats also have a second set of "pubic teats" lower down the abdomen that pups hold onto during flight.

- While some mammals can glide, bats are the only ones who actually fly. Their wings are similar to human hands, with membrane stretched over long fingers.

- Unlike birds and other flying animals, most bats can't take off from the ground. Instead, they have to drop from height to fly.

OSOS PANDA BEBÉ: OSEZNOS

- *Los oseznos panda están entre los mamíferos bebé más pequeños: ¡los recién nacidos tienen aproximadamente el tamaño de una barra de mantequilla! Tardan dos años en llegar al peso adulto de 330 lb (150 kg).*

- *Los oseznos panda, al igual que los niños pequeños, son muy torpes cuando están aprendiendo a caminar. Se tropiezan, ruedan, se caen y se tambalean mientras exploran sus alrededores.*

- *Los oseznos panda empiezan a comer bambú alrededor de los 6 meses de edad, pero la leche materna continúa siendo la fuente principal de alimentación durante el primer año de vida.*

- *Los osos panda tardan alrededor de 40 segundos en pelar y comer un brote de bambú. Tienen un revestimiento en la garganta que los protege de las espinas.*

MURCIÉLAGOS BEBÉ: CRÍAS

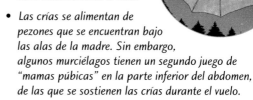

- *Algunas especies de murciélagos desafían la gravedad y ¡dan a luz boca abajo! Otros se cuelgan cabeza arriba para dar a luz y atrapan a la cría en la membrana de la cola.*

- *Las crías se alimentan de pezones que se encuentran bajo las alas de la madre. Sin embargo, algunos murciélagos tienen un segundo juego de "mamas púbicas" en la parte inferior del abdomen, de las que se sostienen las crías durante el vuelo.*

- *Mientras que algunos mamíferos planean, ¡los murciélagos son los únicos que vuelan de verdad! Sus alas son similares a las manos humanas, con membranas que se extienden sobre dedos largos.*

- *A diferencia de los pájaros y de otros animales voladores, la mayoría de los murciélagos no pueden levantar vuelo desde el suelo, sino que tienen que lanzarse desde lo alto para hacerlo.*

POLAR BEAR BABIES: CUBS

- Mother polar bears make dens in the snow where they give birth and care for their newborns. The den traps body heat, keeping the bear family warm.

- While in their winter den, mama bears don't eat, drink, or defecate for up to six months. Female polar bears are some of the longest-fasting mammals.

- Polar bears' black skin that absorbs sunlight, thick fur, and fat help keep them warm in freezing temperatures.

- Polar bears are the largest species of bear on Earth, and, at nearly 10 feet (3 meters) and 1,500 pounds (680 kg), are the world's largest land carnivore.

CAT BABIES: KITTENS

- Cats usually have a litter of three to five kittens, which are born blind and deaf. They begin to wean around four weeks of age.

- Most cats sleep 12 to 16 hours a day—by the time a cat is nine years old, it will have been awake for only three years of its life.

- All cats, from the cutest house cat to the wildest tiger, must eat meat to survive.

- Each cat has a unique pattern of bumps and ridges on their nose. Like human fingerprints, no two cats have identical nose-prints.

OSOS POLARES BEBÉ: OSEZNOS

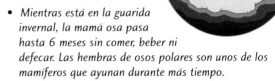

- *Las madres osas polares hacen guaridas en la nieve dónde dan luz y cuidan a sus recién nacidos. La guarida guarda el calor corporal y mantiene caliente a la familia de osos.*

- *Mientras está en la guarida invernal, la mamá osa pasa hasta 6 meses sin comer, beber ni defecar. Las hembras de osos polares son unos de los mamíferos que ayunan durante más tiempo.*

- *Los osos polares tienen pelaje grueso, grasa y piel negra, la cual absorbe la luz solar, lo que les permite mantenerse calientes en las temperaturas heladas.*

- *Los osos polares son la especie de osos más grande de la Tierra y también los carnívoros terrestres más grandes, con un tamaño de cerca de 10 pies (3 metros) y un peso de 1500 libras (680 kg).*

GATOS BEBÉ: CACHORROS

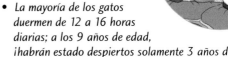

- *Los gatos comúnmente tienen una camada de 3 a 5 cachorros, los cuales nacen ciegos y sordos. Empiezan a destetarse a las 4 semanas de vida más o menos.*

- *La mayoría de los gatos duermen de 12 a 16 horas diarias; a los 9 años de edad, ¡habrán estado despiertos solamente 3 años de su vida!*

- *Todos los gatos, desde el más adorable gato casero hasta el tigre más salvaje, deben comer carne para sobrevivir.*

- *Cada gato tiene un patrón único de protuberancias y crestas en el hocico. Como las huellas digitales de los humanos, no hay dos gatos que tengan huellas idénticas en el hocicos.*

DEER BABIES: FAWNS

- Mother deer keep their fawns hidden in a safe place in the woods and return to nurse them every few hours.

- Deer milk is very high in protein and fat, which sustains the young for the long periods of time they must wait between feedings.

- Fawns have no distinctive smell, which helps hide them from predators. A mother deer will even eat her fawn's droppings to further conceal her baby.

- Deer are the only group of animals with velvet-covered bones, called antlers, on their heads. Every year, these antlers fall out, but soon a new set regrows.

DOLPHIN BABIES: CALVES

- Dolphins and other whales are the only mammals that are birthed tail-first. This prevents the calves from drowning during birth.

- Calves nurse for only five to ten seconds at a time, day and night. They need to swim to the surface to breathe air between squirts of breastmilk.

- Dolphins are incredibly social. They live, hunt, and play together in groups called pods. "Nanny" dolphins even help mothers birth and tend to the young.

- Dolphins have been known to stop and help injured strangers—including other dolphins, whales, and even humans.

CIERVOS BEBÉ: CERVATILLOS

- La cierva madre esconde a sus cervatillos en un lugar seguro entre los árboles y regresa ahí para amamantarlos frecuentemente.

- La leche de cierva es muy alta en proteína y grasas, y sustenta a los cervatillos durante los largos períodos de tiempo que deben aguardar entre comidas.

- Los cervatillos no tienen un olor distintivo, lo que los ayuda a mantenerse a salvo de los depredadores. La cierva madre llega, incluso, a comerse los excrementos de sus cervatillos para ocultarlos aún más.

- Los ciervos son el único grupo de animales con huesos aterciopelados, las cuales se llaman astas y se encuentran sobre su cabeza. Cada año, estas astas se caen, ¡pero pronto les vuelve a crecer otro par!.

DELFINES BEBÉ: DELFINATO

- Los delfines y otras ballenas son los únicos mamíferos que nacen sacando primero la cola. Esto evita que la cría se ahogue durante el nacimiento.

- Los delfinatos se amamantan solo de 5 a 10 segundos cada vez, durante el día y la noche. Entre cada sorbo de leche materna, necesitan nadar hasta la superficie para respirar.

- Los delfines son increíblemente sociables. Viven, cazan y juegan juntos en grupos llamados manadas. Algunos cumplen la función de "niñera" ayudando a las madres a dar a luz y a cuidar al recién nacido.

- Se conocen casos de delfines que se detuvieron a ayudar a desconocidos que estaban heridos: ¡fueran delfines u otros animales, como seres humanos o ballenas!

HUMAN BABIES: INFANTS

- Human babies are the least mature of all mammals at birth and can do very little compared to other newborns. They know how to sleep, make their way to the breast, suck, and cry. They need the warmth of mom's body and are meant to be carried or held almost constantly. Carrying a child close to the body helps ease their transition to the outside world.

- Human babies need to breastfeed very often. A baby human's stomach is about the size of its fist. It is normal for a full-term baby to breastfeed eight to ten times every 24 hours. Small babies need to breastfeed even more frequently.

- During the first two years after birth, a human brain almost doubles in size. To fuel this growth, babies need a constant supply of nutrients. Thankfully, mother's milk is filled with these.

- What's at the end of your arm? For mammals, the options are wings, hooves, paws, flippers, or hands. Having hands gives us the ability to mold, hold, and shape our environment. We can pick up things and make tools. Our four fingers and opposable thumbs allow us to do much more complicated things than almost all other animals.

- Humans are the only land mammal that can be found on every continent on Earth, from the scorching heat of the Sahara Desert to the freezing temperatures of Antarctica. The only other animals that can be found on all seven continents are marine mammals (such as blue whales) who swim from place to place, birds who fly across oceans, and cockroaches.

HUMANOS BEBÉ: NENES

- *Los bebés humanos son los mamíferos menos maduros al nacer y pueden hacer muy poco comparado con lo que hacen otros recién nacidos. Saben dormir, buscar el seno, mamar y llorar…,¡eso es todo! Necesitan el calor del cuerpo materno y que los carguen o sostengan casi todo el tiempo. Mantener al bebé junto al cuerpo facilita su transición al mundo exterior durante lo que algunos llaman "cuarto trimestre".*

- *Los bebés humanos necesitan alimentarse muy a menudo. Su estómago tiene la medida aproximadamente del tamaño de su puño. Es normal que se amamanten de 8 a 12 veces al día.*

- *Durante los dos primeros años después del nacimiento, el cerebro de un ser humano casi duplica su tamaño. Para sustentar el crecimiento, los bebés necesitan una fuente constante de azúcares y ácidos grasosos. Afortunadamente, la leche materna es rica en estos nutrientes, como también en muchos otros.*

- *¿Qué hay en el extremo de tus brazos? Para los mamíferos, las opciones son alas, cascos, garras, aletas o manos. Tener manos nos da la capacidad de moldear, mantener y cambiar nuestro ambiente. Podemos recoger cosas y hacer herramientas. Nuestros cuatro dedos y nuestro pulgar oponible nos permiten hacer cosas mucho más complicadas que las que hacen casi todos los otros animales.*

- *Los humanos son los únicos mamíferos terrestres que se pueden encontrar en todos los continentes de la Tierra, desde el calor abrasador del desierto del Sahara hasta las temperaturas glaciales de la Antártida. Solamente los otros animales que se pueden encontrar en los siete continentes son los mamíferos marinos (como las ballenas azules) que nadan de un lugar a otro, las aves que vuelan a través de los océanos, y cucarachas.*

BONUS: PETS

- Humans surround themselves with a variety of animals. Many serve a specific purpose: cows make milk, horses provide transportation, and sheep provide wool. Non-human animals have similar close relationships with one another (for example, birds pick off and eat pesky parasites from zebras), but humans also keep animals for companionship. We are the only creatures who keep pets.

- Pets actually help us in a number of ways. Pet owners are healthier, get more exercise, experience less stress and anxiety, and are more socially connected. Plus, early exposure to pets helps reduce the development of allergies and asthma. Pets help us grow a strong immune system, build emotional bonds, and develop empathy.

GRATIFICACIÓN: MASCOTAS

- *Los humanos se rodean de una variedad de animales. Muchos sirven para un propósito específico: las vacas producen leche, los caballos proporcionan transporte y las palomas llevan mensajes. Los animales no humanos tienen relaciones simbióticas parecidas entre ellos (por ejemplo, los pájaros les quitan parásitos molestos a las cebras y se los comen), pero los humanos también conviven con otros animales que no les brindan una utilidad en particular, sino el placer de su compañía. Nosotros somos las únicas criaturas que tenemos mascotas.*

- *Las mascotas en realidad nos ayudan de diversas maneras. Los dueños de mascotas son más sanos, hacen más ejercicio, padecen menos estrés y ansiedad, y se relacionan socialmente más. Además, tener una mascota desde temprana edad reduce el desarrollo de alergias y del asma. Las mascotas nos ayudan a fortalecer el sistema inmunitario, a crear lazos emocionales sólidos y a desarrollar empatía.*

For more animal facts and fun hands-on activities, download the free Teacher's Guide at PlatypusMedia.com.

Para encontrar más actividades prácticas divertidas descargue gratis la Guía del maestro en PlatypusMedia.com.

Phoebe Fox reads during a school visit.

Phoebe Fox

Jim Fox, ca. 1968

Jim Fox paints in his studio.

About the Author and Illustrator

Elementary school librarian, children's book author, and mother of three, **Phoebe Fox** wrote *Babies Nurse • Así se alimentan los bebés* to show children that all mammals provide milk for their babies. Phoebe sought to emphasize the warmth and beauty of nursing while demonstrating that all mammals share certain approaches to feeding, protecting, and teaching their young. Drawing on her own experiences as a breastfeeding mother, and wanting to present clear and accurate information about this "natural art," she consulted zoologists and pediatricians to put together this deceptively simple introduction. She is also the author of *Starry's Haircut, Starry Gets Lost,* and *Up Up Up* (winner of the 2015 First Edition Children's Book Contest). Phoebe lives in Phoenix, Arizona, with her husband and their three sons. She can be reached at PFox@PlatypusMedia.com.

When it came time to find an illustrator for the book, Phoebe asked her father-in-law, **Jim Fox**, if he would accept the task. Retired from the NBA, where he played for the Phoenix Suns, Jim was himself a recipient of plenty of his own mother's milk and says the benefits are obvious: he is 6' 10", healthy, and has produced wonderful kids and grandkids. The grandfather of five believes that nursing is a child's best start in life. Jim lives in Phoenix with his wife, Mary Alice. He can be reached at JFox@PlatypusMedia.com.

Sobre la autora y el ilustrador

Bibliotecaria de una escuela elemental, autora de libros para niños y madre de tres, **Phoebe Fox** *escribió* Babies Nurse • Así se alimentan los bebés *para mostrarles a los niños que todos los mamíferos alimentan con leche a sus bebés. Phoebe deseó enfatizar la calidez y belleza de la lactancia mientras demostraba que todos los mamíferos comparten ciertas maneras de alimentar, proteger y enseñar a los bebés. Basándose en su propia experiencia como madre que ha amamantado y deseando presentar información clara y precisa acerca de este "arte natural", consultó a zoólogos y pediatras para crear esta introducción engañosamente sencilla. Ella es también la autora de* Starry's Haircut, Starry Gets Lost, *y* Up Up Up *(ganador del concurso First Edition Children's Book del 2015). Phoebe vive en Phoenix, Arizona, con su esposo y sus tres hijos. Se puede contactar en PFox@PlatypusMedia.com.*

Cuando llegó el momento de encontrar un ilustrador para el libro, Phoebe le pidió a su suegro, **Jim Fox,** *si él aceptaría el trabajo. Jubilado del NBA donde jugó para los Phoenix Suns, Jim fue alimentado abundantemente con la leche de su madre y afirma que sus beneficios son obvios: mide 6' 10", es saludable y ha tenido hijos y nietos maravillosos. Abuelo de cinco, él cree que la lactancia es lo mejor para iniciar la vida. Jim vive en Phoenix con su esposa, Mary Alice. Se puede contactar en JFox@PlatypusMedia.com.*